D'ACIER DE PARFUM DE CHAIR

Les Écrits des Forges
ont été cofondés par Gatien Lapointe
en 1971 avec la collaboration de
l'Université du Québec à Trois-Rivières.

Société de développement des entreprises culturelles

La SODEC (Société de développement des entreprises culturelles) et le Conseil des Arts du Canada ont aidé à la publication de cet ouvrage.

Conseil des Arts du Canada **Canada Council for the Arts**

« Nous reconnaissons l'aide financière du gouvernement du Canada par l'entremise du Programme d'Aide au Développement de l'Industrie de l'Édition (PADIÉ) pour nos activités d'édition ».

Photographie de la couverture : Germaine Beaulieu

Distribution au Québec

En librairie :
Diffusion Prologue
1650, boul. Lionel Bertrand, Boisbriand, J7E 4H4
Téléphone : 1-514-434-0306 / 1-800-363-2864
Télécopieur : 1-514-434-2627 / 1-800-361-8088
Courrier électronique : prologue@prologue.ca

Autres :

Diffusion Collective Radisson
1497, Laviolette, C.P. 335
Trois-Rivières, G9A 5G4
Téléphone : 1-819-379-9813 — Télécopieur : 1-819-376-0774
Courrier électronique : ecrits.desforges@tr.cgocable.ca

Distribution en Europe

Écrits des Forges
6, avenue Édouard Vaillant
93500, Pantin, France
Téléphone : 01 49 42 99 11 — Télécopieur : 01 49 42 99 68
courrier électronique : ecrits.desforges@tr.cgocable.ca
site internet : www.ecritsdesforges.com

ISBN
Écrits des Forges : 2-89046-909-3

Dépôt légal / deuxième trimestre 2005
BNQ ET BNC

GERMAINE
BEAULIEU

D'ACIER DE PARFUM DE CHAIR

Écrits des Forges
C.P. 335, Trois-Rivières, Québec, Canada G9A 5G4

À Gaïa

Un passage l'éphémère

Tu ouvres l'une après l'autre des lettres embrasant des mondes multiples. Sans détour les signes disent l'horreur et le plaisir. Une marque indélébile s'inscrit. Depuis ton enfance tu as appris à jouer sur le papier curiosité dessins et mots.

Ta main plus nerveuse que jamais inonde la page tente de nouvelles perspectives. Un corps dans la tombe retrouve le silence au bout de la ligne une fugue.

À la lettre tu reviens sans cesse avec une impression de doute. Soudain un trou dans la spirale l'élan s'envole. Un coup d'épée dans l'eau chargé de mystères les cercles se dilatent. Au cœur des phrases le présent défile marqué ici et là d'empreintes et d'osmose. Le désir donne au texte sa pulsion de novice.

❧

À la télévision des gamins jouent avec des kalachnikovs. Un univers de feu valide le cœur en vie. Les héros made in USA tombent de la liberté.

Au bout de l'existence l'éclipse. Cherchant encore à négocier un peu de plaisir tu regagnes d'aplomb l'éternité.

Les lendemains de chandelles sur un gâteau glacé. Le corps lambine simple prétexte pour décaler les pions sur l'échiquier.

Avant de t'endormir sur ta joue des caresses denses. Tu demandes une minute de silence au nom des bêtes abandonnées. Aucun humain ne pourra jamais remplacer l'animal perdu. Touche-moi que je sorte du cauchemar.

❧

Entre je et l'autre un match. À l'infini les impacts résonnent. Tel l'éphémère l'ombre à la recherche d'un texte. Sur papier à visage découvert fourmillent des mondes insolites. Plus près encore des mots l'existence une autre histoire.

Dans la boussole une simple attirance d'aimants. Le zénith perdu un indice de vie en moins. Les oiseaux gardent jalousement le secret. Sur une plage de nudistes des soldats confondus traînent sur les lèvres un petit goût de sûr. Vers le ciel des millions de nefs volent. De blanches colombes devenus tous les corps se ressemblent.

❧

Au casino la tête étourdie tu mises tu gagnes. Sous la nappe les sexes ont bon appétit les cuisses abusent de l'intimité. Quelques dés vainqueurs une autre fois s'échappent à l'aventure ne s'arrêtent jamais.

Rêvant un autre coup de chance tu joues et tu perds. Les bras ballants tu regardes passer la parade.

La jouissance arrive à temps pour te saouler. Une présence au moment où l'avenir se défile.

Tu tiens fort à la main l'optimisme simple affaire de temps et de danger. Une lapée déposée de bonne humeur sur ton sein. La belle histoire d'amour commence !

Trou blanc la conscience

Avec des empreintes revues et corrigées la terre un théâtre qui habille tout. De vie de mort les scénarios coulent du miel entre les cuisses d'une abeille.

Les guerriers continuent d'abattre les mourants.

Des mots en révolte s'insurgent. Une simple calligraphie de l'existence. Ballon blanc la conscience se dilate. L'exil a peu d'importance seuls les rêves marquent. Reste donc avec moi ce soir de pluie.

Légère une lettre au vent se déploie. Une peine d'amour tombe avec la sentence de vie. Le corps vaillant s'incline sans pour autant que la mort morde.

❧

Un monde privé d'asile évoque une création mort-née. Une langue sans pause se rapproche de l'indifférence. Un pays dépourvu d'identité ressemble à un pauvre passant. Une femme ne pouvant jamais dévoiler son visage m'inquiète. Un enfant qui ne sourit pas est un être réaliste. Parfois le mensonge fait plaisir une affirmation à la portée de tous.

Un corps convenable se cache-t-il quelque part ?

Écrire porte d'étranges conséquences. Mots graffitis sous plusieurs angles ouverts cherchant à briser les tabous. Dans la même phrase l'indifférence et l'exaltation inscrivent un délicieux paradoxe.

Itinérante affamée assise au bord du trottoir une quête de l'essentiel.

❧

Au cœur de l'Histoire la parole s'ouvre sur un grand cru au fond de la gorge piégé. Enfin l'éternité perd son haleine de mort. Sur la peau les tatouages de femmes brûlent. Un Je infini aussi long qu'un million de syllabes parlantes à chaque nanoseconde assassinées.

Rosée de feu

À qui penses-tu du haut de ta dépouille ?

Vers qui ta peau se réfugie-t-elle avant que tu n'explose dans un fracas d'enfer ?

À toi seul tout cela revient.

De sang-froid tu mendies de précieuses secondes et vite le noir sature ta conscience. Germe obsédant chaque cellule de ton corps sans scrupule télescopée.

Dans la rafale vitesse lumière tes narines se calcinent.

Enfin le paradis ! Ton corps une épave bien virée.

Dans tes yeux le froid sautille. Vif un jet de feu balise le ciel.

As-tu juré une dernière fois ? As-tu tremblé devant ces formes inédites qui se tordent sous ton regard effrayé ?

Captif de l'horreur tu ne vois aucune raison de rester haut et digne aux premières loges de la mort.

Parmi tant d'autres tu es tombé et délivré tu souris béatement. Ton souffle déjà ailleurs te berce.

Dans un tourbillon d'épouvante les braves se dérobent. Quelques hommes gardent nerveusement à leur épaule un fusil la gâchette bien tendue. Sur papier d'autres tracent des stratégies. Subitement les corps deviennent des prétextes. Au bout de la souffrance les verbes sont clichés.

❧

Aucune mesure ne peut délier une langue de dragon.

Ils passent et tuent ce qui brille jouant avec la paix comme on écrase les fourmis.

De feu de vies la guerre n'en finit plus de révulser. Les pierres veillent.

Les générations se succèdent et les rendez-vous de tendresse s'espacent. Sais-tu ce que sera demain ? Un jardin de momies pour exciter les survivants. Dans la cohue les ombres s'abîment des alliances se dégagent.

❧

Remplie de plomb la fosse imprime la terreur aux coquillages enfouis dans son manteau de cendre.

Des doigts de seringue griffent la toile où les pronoms Tu et Je sur la même goutte de sang ne sont que pure abstraction.

Tes yeux d'Amérique se dégrisent. Trop de frange traîne sous tes pieds.

Au nord les glaçons et les manches de neige s'échappent silencieusement du tableau.

Au rythme du sablier la planète vire et le frimas sur la peau détache la naissance.

Vite un passeport pour l'exil !

❧

Ils ont la guerre écrite dans le cœur. Rien à attendre de l'existence sinon la moisson d'or qui livre à la mer ses esclaves.

Dans le vent agonisant
d'un mort à l'autre
Dieu jouit.

Chère au cerveau la
même note reste
accrochée. Un mot
efface tout. Aimer.

La peur de mourir

au bord
du vertige
se rapprocher
avoir envie
faire le grand saut

En regardant le spectacle
l'autre sourit.

L'œil fermé au sommet de l'abîme un pas chasse l'autre. Soudain la pupille allumée le funambule glisse en sortant de son lit.

Craignant l'ombre de lui-même
Un fasciste se met à courir
Tu te vois fuyant avec lui.

❧

En guise de cadeau de Noël les peurs du monde bien emballées dans une boîte en forme de tambour.

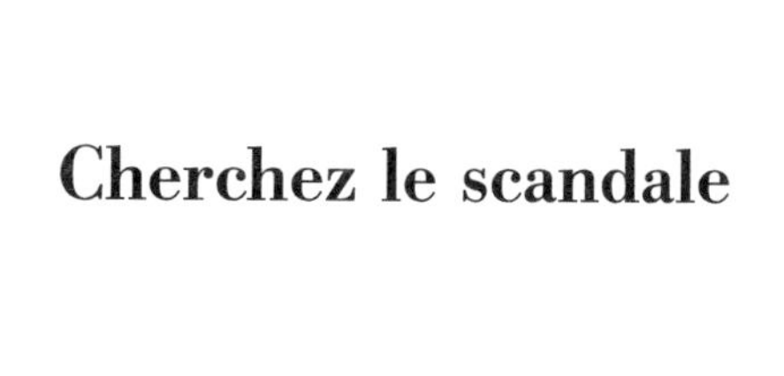

Cherchez le scandale

Ces poèmes ont été publiés dans la revue Arcade Nº 58

Une décharge de pluie noie sur la terre aride ce qui pousse. Un couteau éventre la vengeance avant qu'elle ne fuse au plexus. Des tortues ne trouvent jamais d'épaves pour se reposer. Les yeux témoins de la douleur se résignent à l'impuissance. Défaits les diables cherchent à étonner dieu dans l'âme du païen. Tu observes en toute lucidité la trame de ta vie et tu te trouves belle dans cette arène de mourants. La planète est un lit de veuves où viennent se pendre les innocents.

Dans l'axe la girouette pivote le vent lèche les dernières traces. Ainsi la vie va et reste impénétrable comme les glaciers du Groenland. Tu cherches désespérément l'évasion.

Enfin tu trouves une sorte de destin ! La conscience à zéro attend un doute un signal. Une seconde se dilate tu oublies que la vie est une frontière sans cesse à bousculer.

Aller à une manifestation en faveur de la paix à son retour battre sa femme et ses enfants. Croire qu'il y a un bon et un méchant bien sûr présumer être le bon. Créer autour de soi plein d'auréoles voilant l'évidence.

L'indifférence a une odeur d'ange lorsqu'elle trouve un mystère pour sortir de son trou. La lucidité nous garde noirs au soleil. Ainsi éviter d'être broyés par l'inconscience.

Le scandale est l'ignorance même de ce qui nous tient en état de vie ou de mort.

Tu sens parfois le besoin de remodeler la vie en lui donnant un regard de fœtus. Tant de glaise sur la peau donne une saveur de tombe nacrée. Des yeux visent et fouillent autour d'eux avec une impression de réconfort.

Être son pire ennemi et ne jamais s'en rendre compte.

❧

Se réincarner après s'être suicidée ou se condamner à mort pour le plaisir de se gracier.

Ne plus avoir assez de constance dans l'œil pour lire en l'autre son jeu… et cesser d'être un péché.

L'indolence après l'orgasme et l'étreinte dénouée hâtivement. Dans mes pires cauchemars toi qui meurs pour vrai. Un second souffle s'installe tu poursuis la course à une seconde de l'arrivée tu trébuches. Tu cries encore plus fort que tous les silences d'une vie et jamais tu ne touches une seule oreille.

Refuser de sentir au-delà du fantasme l'étonnement. Une sauterelle bourrée d'arthrite s'expose sous l'aisselle d'un arbre cherchant à séduire un vrai prédateur. Le rêve s'étouffe au milieu des draps souffrants privés de peau. Vouloir se désaltérer au volcan la gorge saturée d'amour. Perdre subitement ses ailes quand on a la conviction d'être un ange.

Avoir l'impression de naître une bonne fois éternelle. Faire semblant de chercher ou feindre de trouver quand on n'a plus le goût de l'aventure. Un câlin effleure l'épiderme et la haine s'installe.

En aucun temps la lucidité ne s'éteint posant autour de soi un regard de grand angulaire.

Égarer la seule peau que l'on a dans une mutation ratée. S'habituer à la noirceur. Être ce que l'on est en croyant que c'est vrai. Le long de l'échine à petit feu un glaçon fond. La mutante se désagrège. Ne jamais savoir quand la grande roue s'arrêtera.

Résignée au piège infernal telle une funambule sur la corde épinglée poursuivre la course. Du jour au lendemain prendre conscience que la planète est un utérus violé. Trop tard pour couper les circuits le scandale poursuit sa course.

Avoir une épée en plein cœur et le sourire aux lèvres continuer de respirer. Lire en direct la douleur en se gargarisant d'humour. La louve réintègre son habitacle dans l'ombre vit son passage. L'un devant l'autre des mots stratégiques s'alignent déjouant toute prise.

❧

Près du cœur acéré une maille fuit. L'urgence s'installe. Empreinte de ces vies *d'ailleurs au même instant* la douleur tue freine la machine infernale. Des milliers de phares te pointent du doigt tu restes là. À la frontière du tympan la nuit hurle. Dans ton sommeil tu n'entends que l'absence.

Au cœur d'une foule imaginer être quelqu'un. Demeurer dans l'angle mort à l'abri des aveugles migrer en soi. En forme d'emballage les cheveux tombent autour de visages foutus cherchant une place. À travers ce tumulte tu cherches un corps sensuel. Tu gardes enrobé dans ton ventre un gros mensonge bourré d'espoir.

Rien ne s'arrête de ce Temps qui passe. Pourtant de blessure en blessure des êtres s'aiment desserrent les lèvres. Le corps vide de ses veines l'excès de larmes en forme de torpilles.

Deux enfants se passent la seringue pleine de mort personne n'arrête le manège.

Et Toi qui vois quand déclencheras-tu la fin du match ?

Un radeau pour les hirondelles

Jamais je n'ai rencontré *une* kamikaze. Vivre pour tout faire sauter.

Ne m'arrache jamais à la vie. J'aime trop sentir les tensions du danger qui traversent impitoyablement mon corps.

Quel plaisir de mourir allumée de tous mes sens ! Tu es là l'amour ?

Nos langues d'exil maraudent. Le désir est dans l'air.
Dis-moi où tu es je ne vois rien.

Mille faisceaux sur la toile tracent des personnages. Miroirs ou mirages sous quel angle peut-on regarder la cime de soi ? Une voleuse prise en flagrant délit la comédienne s'enfuit.

❧

Six pieds sous terre des destins émiettés et des lunes de miel ratées. Tant de ciels perdus et des missiles intuitifs cherchent nuit et jour de pauvres oiseaux évadés.

Une dame de satin blond piste sur la terre de vibrantes frontières.

Les preneurs de souffle par millions mutilent tout. Les humains des poissons au bout d'une ligne gantée de minables appâts.

Serions-nous des dissidents plantés sur une matrice de plomb ? Vous êtes morts et vos regards ne me disent rien.

Ne sachant ni lire ni écrire face au parchemin de soie tu es embarrassée. Rien d'autre à tracer sinon des orbites qui médusent les lecteurs. Avec ton air d'aveugle défiant l'orage tu te rinces la conscience. Tu cherches toujours la vivante.

La mutante sur son socle de cire se met en scène.

Comme c'est beau quand tout devient jeu et plaisir !

La paille sur la mer un radeau pour les hirondelles égarées. Au sommet des collines peuplées de maraudeurs on dirait qu'il ne se passe rien. Saturée la lune fend son ballon. Une ligne flavescente et l'horizon retrouve son clin d'œil matinal.

❧

La mort une poussière sur des draps de satin glacé. Tantôt elle pousse enrichie dans une urne au ventre concave remplie de mystères et d'inepties.

Le théâtre déborde de mimiques forgées.

Une hécatombe où les corps hystériques courent. Partout il reste de la place. Tant que le mythe tient les personnages restent. Tout est là naïf sur la même scène un peloton de guêpes cherche l'attention.

D’acier de parfum de chair

L'indifférence a parfois l'odeur de cet instant où sans regret l'on ferme patiemment les lumières pour une autre nuit.

Les corps se galbent et les têtes cillent empruntant aux sorcières leurs sourires de magiciennes. Dans l'obscurité la langue mire soudain un présent d'i-vresse.

Sous tes paupières des larmes irisées de soleil. Devant l'autre un élan un doute.

Enivre-moi pille-moi de mes peurs. Tu restes là une implosion sacrée. Puis-je vivre simplement emmurée par ton désir? Tes yeux soulèvent en moi une fièvre d'adolescente. Sur tes épaules une ville se déballe et nous y sommes. En liesse nos visages le sens est multiple.

❧

De toute déchirure celle du cœur est la plus incisive. Sombre ma peau d'éclat perdu. Les cicatrices des lèvres buveuses de chagrin. Tu crois cette langue secrète en forme de linceul étalée sur l'écran?

Les marionnettes fuient les boulevards. Elles n'ont encore rien vu de la nuit des néons et des guirlandes. Des notes de *rock and roll* cernent l'effroi.

Rictus au centre du visage la bonne humeur.

Près du nombril la langue divague et tu disposes le fil du temps. Les paupières jouent le jeu et dans la noce clignent.

Ne m'oublie pas fidèle amie. Ton souvenir un bloc solide autour de mon cœur posé. Une vraie étreinte. Jamais mon chagrin n'aura trouvé une telle consolation dans le silence où tu es si obsédante. À travers cette vie d'évadée tu es une cicatrice infrangible. Un long tapis rouge où tôt ou tard nous marchons tous. Des eaux glacées de sourdes mélancolies.

Surprends-moi !

Surtout ne frappe pas avant d'entrer. À aucun moment je ne veux savoir quand tu viendras. La vie est bourrée d'emballements inutiles et de corps virtuels.

Surprends-moi ! Viens je touche mon fantasme !

❧

Tu es d'acier de parfum de chair. Tes mains dans ma conscience ont écrit l'essentiel. Je glisse mon amour je glisse. Comme la pluie sur le toit chasse la noirceur ton absence me quitte.

Une impression de sens

Entre les buildings des meutes de belles-de-nuit avivent les sens.

Pendant que la foule dormait le train s'est arrêté.

Où étiez-vous ?

Surtout ne réveillez personne les corps sont trop fous.

Vivre pour le plaisir de jouer avec le feu.

Demain mes yeux voudront rebâtir le coup de cœur.

C'est toi au bout du fil ?

Tous les parfums du monde n'ont qu'une odeur.

Entre tes cuisses je m'éveille.

❧

Les rides contre ton visage des traits qui recensent la vie. Sur le calendrier sans arrêt un creux tyrannique fonce. Le temps un invité prévisible jamais ne revient.

Urgence.

Donne-moi un corps à embrasser et demain je serai de ce monde.

Tu donnes à l'image une impression de sens ? Celui d'un âge calé entre ciel et terre un passage un éveil.

Le baiser donne la fringale deux femmes partent dérider la nuit.

Vers la mer l'ombre s'efface et deux ventres se lèchent.

❧

Nos langues se touchent l'idée d'un souffle en vie sur les hanches me rend folle.

D'un univers à l'autre il faut savoir naviguer et pour rien nous arrêter. Nos mains fouineuses mènent le bal et la terre comme nos corps continue de rouler.

Tu parles de fugue et de désir.

N'y aurait-il pas un moyen de perdre la raison ? Jamais le désir n'a infiltré un tel refuge. Va voir là-bas il n'y a personne. Que c'est doux de jauger la vivante !

Autour du ciel l'espoir gravite.

Une main vivante

Quelle île peut encore prendre la dérive ? Les courants sont heureux s'ils voguent à l'aventure. Larguant les épines la vie s'attache. L'idée d'une main vivante dans la terreur d'aimer se faufile.

Au milieu de la foule tu cries : « Mon amour où es-tu ? »

La nuit tombe tu sors de ton antre. Noirs tes yeux au garde-à-vous cherchent un indice.

Je suis là.

À la limite de nos corps de fusain le gris sillonne. De ses côtes dormantes le continent frôle le plaisir. Dans nos mains du suspense et des coups de cœur.

Le placard se remplit de fantômes pour les soirées clandestines.

Tu tiens bon le désir en moi jamais ne meurt. Ma foudre ma passion que la nuit est rouge ! Que disent les aveugles si les empreintes se détachent ? Tire-moi ma diable. Emmène-moi dans ton lit.

Tes cils une surprise sur ma joue. À la commissure des lèvres nos visages se perdent.

❧

Rien du noir du blanc n'étonne sinon au centre un point de fuite un flambeau de sexes prenant son envol. Des bassins envoûtés s'amalgament. La fusion touche simultanément l'avenir et le passé. Une magie ta langue entre mes épaules desserre le chagrin.

Sur nos lèvres une alliance inéluctable.

Tes bras scellent un jeu de caresses une machination machiavélique. Les jours passent des grains de sable tour à tour s'arrondissent autour d'un coquillage. Ne t'arrête pas ton visage nappé de roux je te veux partout ma sangsue ma trop désirée. Je me coule serrée à toi une pieuvre en quête de corps.

L'enfance
à saveur d'éclipse

Le vent monte les feuilles des épaves perdues se déploient autour de la forêt soudain prise en otage. Les saisons passent paisiblement les traces s'érodent.

Une mousse féconde tapisse le sol et les oiseaux y laissent quelques œufs traqués.

Au matin dans une rosée de feu tu nais. Ton corps parmi les ténèbres à la naissance des paysages.

Jamais les bras ne sortent de leurs gangues pour te toucher. Tes joues pleines d'infortune se glacent. Lucide tu repars.

Tu envies les lépreux pour la certitude de leur peau. Au sommet de la vague tu danses oubliant ton moïse un fétiche au fond de la mer perdu. Des algues palpent sous l'angle le plus intime chaque gravure. Ton épiderme une matrice dernier cri. Enfin de la nourriture sur tes lèvres momifiées.

Dans la jungle ton corps affiche un air victorieux. De ses minuscules doigts d'acier l'enfant s'accroche à la rive. Oubliant l'odeur de la guerre le petit reprend le pas.

Sous le regard confiant de la lune l'enfant bourre sa chambre de fabuleuses créatures.

Devant l'effroi tu n'es rien sinon une signature oubliée. Un frisson de poupée calée dans sa niche.

❧

Les enfants tuent et les pères ferment l'œil. Tu fais semblant de ne rien entendre. Pourtant les cris de leur résonance t'assomment.

Tu me demandais si je croyais aux anges. Oui pour le plaisir de voler.

Entre les paupières du charbon. Tu imagines les petits marchant dans la montagne entourés de fruits et de fleurs. Le souvenir se dilue et les parents comblés jouent du cœur.

Un peuple s'endort rêvant à la prochaine nuit passée sous la bonne étoile.

❧

Les mots des disparus en disent long sur l'ampleur de la bavure.

Naître de la poudre à canon plein les fesses. Une écharpe de froid naturel sur les os d'où monte la mort. Un pélican crève sa plèvre pour nourrir ses bébés. L'amour à boire goutte à goutte.

L'enfant chef d'une flotte part pour un monde meilleur. Trop de distance entre les continents il se lasse. À la pointe de l'île un temple entouré d'un vaste cimetière où gisent des berceaux l'espoir perdu en guise d'accueil.

❧

Avec tes prières d'athée tu émiettes le drame. Pareil à un pendule au-dessus de l'orchestre tu oscilles cherchant encore l'harmonie. Ailleurs le firmament crie famine et les enfants regardent passer la parade du père Noël avec ses magnifiques soldats de plomb.

Aucune caresse ne peut soulager. Sur la terre tu fouilles cherchant une dose d'avenir. Trop de petits pas perdus dans cette existence qui n'en finit plus de percuter.

Sous leurs voiles tant de sourires assassinés. Le ventre phallique voudra-t-il enfin se dépouiller de son chaos ?

Silence sans tache

Demain une voix une fougue d'aller plus près au-delà de la chimère. Tu avances une lente déclinaison sortant du passé. Parle-moi de coïncidences heureuses. Ta langue printanière sous les murs fait pousser la chaleur.

❧

À l'improviste surgit le visage de ma mère morte. Peine inattendue. Après tant d'années pourquoi son souvenir si fin veut-il s'inscrire ? Pourquoi voudrait-elle du corps ?

Ton souffle une sorte d'allusion à l'amour. Dans le poème ailleurs je m'en vais.

Je ne te veux nulle part en moi. Que du silence sans tache se déploie.

Au fond de la nuit tu vois Vénus. Elle a gardé sa face de poupée ?

Hier nous n'étions que peur et mort. Ne laissant aucune miette traîner sur ta route il y avait peu de chance que je te rattrape.

❧

La mère convertie cherche sa robe blanche.

Ta peau a l'air d'une pietà ennuyeuse au milieu du cimetière.

Le ventre armé de douleur crie « l'accouchement est le pire acte volontaire ». Si encore Je pouvais dire non !

Petite t'ai-je dit combien mes doigts étaient fragiles pour tenir au bout d'une plume le monde?

De la lumière sur le papyrus l'encre dorée donne au texte un ton sacré. L'un après l'autre je tente les mots pour n'en garder que le miel.

Petite avons-nous déjà fait connaissance?

❧

L'amour et l'ivresse plein l'épiderme sur un air de tango nous n'avons plus rien à retenir que la passion.

En héritage
des ventres se choisissent
une enfance rassurée.

Traçant ici et là des sillons la marée y va de longs virages. Une tension continue entre soi et la mer. Un enlacement unique les corps zélés fourmillent. Enfin les oisillons d'un baiser percent leurs coquilles. La vie trouvée…

TABLE

DE LA MÊME AUTEURE

Envoie ta foudre jusqu'à la mort, Abracadabra, poésie, Montréal, Éditions de la Pleine Lune, 1977, 96 pages

Sortie d'elle(s) mutante, roman, Montréal, Éditions Quinze. 1980. Collection « Réelles ». Réédition, Montréal, Éditions les Herbes rouges, 1987, 116 pages.

Archives distraites, poésie, Trois-Rivières, Éditions Les Écrits des Forges, 1984, 64 pages.

Textures en textes, poésie, Montréal, Éditions du Noroît, 1986, 80 pages.

Aires sans distance, poésie, Montréal, Éditions du Noroît, 1988, 80 pages.

Réelle distante, poésie, Trois-Rivières, Éditions Les Écrits des Forges, 1991, 88 pages.

Voie lactée, poésie, Trois-Rivières, Éditions Les Écrits des Forges, 1991, 64 pages.

De l'absence à volonté, poésie, Trois-Rivières, Coédition : Éditions Les Écrits des Forges/Proverbe (Paris), 1996, 140 pages.

Série de douze cartes postales/**poèmes**, Trois-Rivières, Éditions Les Écrits des Forges, 1996,

Entre deux gorgées de mer, Trois-Rivières, Éditions Les Écrits des Forges, 1998, 105 pages.

Trois voix l'écho, Trois-Rivières, Éditions Les Écrits des Forges, 2000, 96 pages.

Ailleurs au même instant, Trois-Rivières, Éditions Les Écrits des Forges, 2002, 108 pages.

Sous la direction
de Louise Blouin et Bernard Pozier
supervisé à la production par
Suzanne Vertey
composé en Bodoni corps 11 et demi
cet ouvrage a été achevé d'imprimer
pour le compte de l'éditeur
Écrits des Forges
en avril 2005
sur les presses de
AGMV Marquis Imprimeur Inc.

Imprimé au Québec